LA GAMMINA

PARODIE DE LA FIAMMINA

EN QUATRE ACTES

PRÉCÉDÉE DE VINGT ANS AVANT, PROLOGUE

PAR

MM. SIRAUDIN ET ADOLPHE CHOLER

Représentée pour la première fois, à Paris, sur le théâtre du PALAIS-ROYAL,
le 2 mai 1857.

PARIS
MICHEL LÉVY FRÈRES, LIBRAIRES-ÉDITEURS
RUE VIVIENNE, 2 BIS

—

1857

Distribution de la pièce.

GAMMINA..........	Mlle ALINE DUVAL.
LAMBERT, son mari..................	MM. LHÉRITIER.
NINI, leur fils........................	OCTAVE.
COCKNEY..........................	BRASSEUR.
DUDONJON, père....................	AMANT.
DUDONJON, fils.......................	PELLERIN.
LAURETTE, fille de Dudonjon..........	Mlle ROSE.

Toutes les indications sont prises de la gauche et de la droite du spectateur. — Les personnages sont inscrits en tête des scènes dans l'ordre qu'ils occupent au théâtre. Les changements de position sont indiqués par des renvois au bas des pages.

LA GAMMINA

PROLOGUE

Une chambre : à gauche, une table, premier plan ; porte au fond ; fenêtre à droite, troisième plan ; porte à gauche, troisième plan ; un berceau à droite, premier plan ; chaises, un sabre pendu au fond.

SCÈNE PREMIÈRE.

GAMMINA, seule, entrant par la gauche.

Il fait la bouillie. (Elle écoute.) L'enfant dort. (Elle regarde le berceau.) C'est le moment (Elle se met à table et écrit) : « Mon époux bien-aimé, quand tu liras cette lettre trempée de mes larmes... (S'arrêtant.) Où sont mes larmes? (Elle se lève, prend la carafe et asperge la feuille de papier sur laquelle elle écrit. — Se rasseyant.) « trempée de mes larmes... j'aurai mis les fortifications entre nous...

LAMBERT, à la cantonade.

Gammina!...

GAMMINA, se levant.

C'est lui!... c'est mon époux!

LAMBERT, de même.

Où as-tu mis la farine?

GAMMINA.

Dans le panier au charbon... Continuons. (Se rasseyant.) « Je pense que tu comprendras ce désir bien naturel chez une femme mariée... de s'éloigner quelques instants de son époux.» (Se levant.) mais la pot-bouille conjugale ne me convient plus... J'ai besoin des applaudissements du public, des bravos du parterre... Il me faut mes exercices d'acrobate, ma danse de corde... il me faut...

LAMBERT.

Gammina?

GAMMINA.

Encore! (Haut.) Quoi?

LAMBERT.

La bouillie est attachée... elle a gratiné...

GAMMINA, avec amertume.

Et moi aussi!... Pour avoir trop mijoté dans la casserole de l'hyménée. Je me gratine... je me gratine!.. mais non! ma résolution est bien prise... je me détache violemment... Qui pourrait me retenir?... mon mari? prroutt!... Mon enfant?... (Elle va au berceau.) Il est sevré... et quand un jour je voudrai le retrouver... je sais qu'il a une fraise au bras gauche ! C'est aujourd'hui la Saint-Lambert... la fête de mon époux... il me saura gré de lui avoir ménagé une surprise pour ce jour-là... (Elle aperçoit un sabre de garde national.) Ah!... j'oubliais!... (Elle le détache, se rassied et écrit.) « Post-scriptum !... Je n'emporte rien que ton sabre de garde national... passe-moi ce léger larcin... mais depuis quelque temps je m'étais essayée à l'avaler... il est juste à ma mesure... Signé : Ta fidèle épouse pour la vie... Gammina... » Ah! (Elle va poser la lettre sur le berceau.)

Air de *Nabucco*.

Mon enfant est en sevrage,
Mon mari fait le dîner :
Inutile en mon ménage,
Je n'ai qu'à l'abandonner.

(Après l'air, elle sort sur la pointe du pied par la porte du fond; l'air continue; la fenêtre s'ouvre, et on voit arriver Dudonjon tenant un enfant emmaillotté dans ses bras.)

SCÈNE II.

DUDONJON PÈRE.

Air de *Nabucco*.

Je suis seul ! et le silence
En ce local est complet!
Voici le moment, je pense,
De commettre un grand forfait!

(S'avançant mystérieusement.) Mon plan est bien simple!... Je suis un bon père, moi!... je m'appelle Dudonjon... voici mon fils!... Il est sevré, ainsi que le fils de M. Lambert... mon voisin ci-inclus... C'est le moment, c'est le quart d'heure. (Il met le poupart dans le berceau et prend l'autre.) Mon plan est bien simple!... Je suis un bon père, moi!... je ne suis pas riche... mon fils serait malheureux... le voisin est à son aise... mon fils sera heureux!... (Réfléchissant.) Mais celui-ci que j'emporte?... Oh! du bruit. (Il se sauve par la fenêtre, emportant le fils de Lambert.)

SCÈNE III.

LAMBERT.

(Il a un tablier devant lui, une casserole à la main. — On entend des cris d'enfant.)

Qué n'avons donc?... qué n'avons donc?... Tu demandes ta bouillie... enfant... la voici!... c'est moi qui l'ai confectionnée... Elle est peut-être un peu chaude!... (Il goûte la bouillie, la trouve chaude, et souffle dessus.) Ah! j'ai trop soufflé dessus!... elle est froide!... (Il la mange.) Ne crie pas, enfant, ne crie pas... voyons!... (Il approche du berceau et trouve là lettre.) Qu'est-ce que cela? une lettre à mon adresse. « M. Lambert, peintre d'enseignes... Voyons. (Il lit.) C'est de mon épouse!... Que vois-je?.. qu'apprends-je?... (Il s'assied.) Elle a pris sa volée, elle m'emporte mon sabre et me repasse l'enfant... Elle aurait mieux fait de me repasser le sabre, et d'emporter l'enfant!.. (Il se lève.) Mais, j'y songe... ce pauvre Nini... est revenu hier de nourrice... comment vais-je faire? Irais-je lui chercher une nouvelle nourrice rue des Deux-Boules, ou lui acheter un biberon Darbo, rue Taitbout... Non... il est sevré d'aujourd'hui, je lui servirai de mère... (Il prend l'enfant.) Ah!... auparavant... marquons ce jour funeste sur mon calendrier... C'est aujourd'hui la Saint-Lambert, quand une femme vous quitte on la perd.

Air de *la Jambe de bois*.

Que je suis heureux d'être père,
Mon fils est mon consolateur!
Jusques à mon heure dernière
Mon cher fils fera mon bonheur!

ACTE PREMIER.

Une rue. — Un mur faisant angle, et sur lequel est écrit : IL EST DÉFENDU.

SCÈNE PREMIÈRE.

LAMBERT, apportant une borne qu'il pose à gauche et s'assied dessus.

Vingt ans se sont passés depuis le jour où ma femme s'est passée de moi.. mon fils Nini a grandi sous mes yeux!.. (Il se lève.) C'est un jeune homme qui me donne bien de l'agrément... Il est poëte depuis la pointe des cheveux jusqu'à la plante des pieds! c'est lui qui approvisionne tous les mirlitons de la banlieue... mais je l'aperçois ébauchant un entretien familier avec la fille de mon ami Dudonjon... fermons les yeux. (Il monte sur un banc qui est près du mur.)

SCÈNE II.

LAMBERT, NINI, LAURETTE ; ils entrent par la gauche*.

NINI.

Est-ce que vous avez montré ma lettre à votre papa?

LAURETTE.

Oui, mais... je l'avais lue, auparavant.

* N. Lau. Lamb.

NINI.

Très-bien ! (Déclamant.)

Pour vous mon amour est extrême :
Aimez-moi comme je vous aime !..

LAMBERT, se retournant.

Qu'entends-je ?

LAURETTE.

Monsieur Lambert !..

NINI, allant à lui.

Ma mère !

LAMBERT, le prenant dans ses bras.

Oui, ta mère*!.. Ton père sur le registre de l'état civil, mais dans la vie privée ta mère... Mais il me semble que tout à l'heure, avec la fille de mon ami Dudonjon...

LAURETTE, à part.

Il a entendu !..

NINI.

Oui, ma mère... j'ai un cheveu pour elle...

« Si vous désapprouvez ma flamme
« Vous me mettrez la mort dans l'âme. »

LAMBERT.

Mais... mon fils... mais...

NINI.

Pas de mais... ou je vous enverrai des sommations respectueuses.

LAMBERT, lui ouvrant ses bras.

Cher enfant !.. ah !.. que j'ai donc là un jeune homme qui me donne de l'agrément... (On entend fredonner Dudonjon fils.)

LAMBERT, à Laurette.

C'est votre frère... le jeune Dudonjon...

SCÈNE III.

LES PRÉCÉDENTS, DUDONJON FILS, tenant une baguette à la main**.

DUDONJON, chantant.

« C'est le jardin de Jenny l'ouvrière... »

LAMBERT, l'arrêtant.

Ne chante donc pas si fort que ça ?

DUDONJON FILS.

Pourquoi donc ?

LAMBERT.

Tu troubles la voie publique, on pourrait t'arrêter...

LAURETTE.

Arrêter mon frère...

* N. Lam. Lau.
** N. Lam. Dud. Lau.

DUDONJON FILS.

Tiens!.. c'est ma sœur; bonjour petite... (Changeant de ton.) M'arrêter?.. mais je ne demande que ça... Un peu de violon jetterait de la variété dans mon existence.

NINI.

Es-tu fou?

DUDONJON FILS.

Oh! la vie est bien flasque pour moi... pas d'imprévu, pas de malheurs... ça va tout de go... comme sur un chemin de fer, sans le moindre déraillement...

LAMBERT.

Et tu te plains?

DUDONJON FILS.

Je ne me plains pas... je bougonne après le sort... qui m'a fait naître le fils d'un gargotier à Vincennes... cet homme, mon père, s'appelle Dudonjon... Pour me distinguer de lui... je me suis fait nommer Dudonjon de Vincennes... on va peut-être me chicaner là-dessus... Eh bien!.. ça m'amusera... on me taquine, on me tourmente, ça m'occupe.

LAMBERT, à part.

Quelle différence avec Nini!..

DUDONJON FILS.

Oh! les ravages du cœur!.. les émotions lancinantes du malheur!.. une tuile qui vous tombe sur la tête, une jambe cassée, des lettres de change, des huissiers à vos trousses, les coups de canne d'un créancier hargneux... voilà ce qui s'appelle vivre.

Air de *la Galopade*.

Il faut, pour être heureux,
La souffrance
Dans l'existence.
Je serais bien heureux
Si j'étais un peu... malheureux!
Dans mes moindres désirs
Je n'ai pas d'anicroches;
J'ai de l'or dans mes poches
Pour payer mes plaisirs.
Rien ne m'a résisté;
Mes jours sont tout de soie...
Je serais dans la joie
Si j'étais embêté.
Il faut, etc.
Si je faisais souffrir
Mon âme trop figée,
Si de vache enragée
Je pouvais me nourrir.
Mais non... c'est sans plaisir
Qu'au hasard je me livre;

Je me sentirais vivre
Si je pouvais mourir.
(Lambert remonte à son ouvrage.)
Il faut, etc.

J'en suis réduit, pour me procurer des émotions, à inventer des farces odieuses... Dernièrement, j'ai appris qu'on était à la recherche d'un Monsieur qui emportait la grenouille... je suis parti à la hâte, sans passe-port, et je me suis donné l'âcre volupté de me faire ramener ici de brigade en brigade...

LAMBERT.

Drôle de garçon...

DUDONJON FILS.

Ah!.. vous travaillez... Je voudrais bien pouvoir travailler*...

LAMBERT.

Qui t'en empêche?..

DUDONJON FILS.

La paresse!.. mélangée de l'amour de l'oisiveté. (Regardant.) Tiens! c'est vous, père Lambert, qui avez écrit cela?..

LAMBERT.

Oui...

DUDONJON FILS, lisant.

Attendez donc!.. « Il est défendu....» qu'est-ce qui est défendu?..

LAMBERT.

Tourne la rue, et tu le sauras...

DUDONJON FILS.

Ah!.. on défend quelque chose dans ce quartier-ci... c'est bon!.. adieu. Nini, reconduis ma sœur... (Il l'embrasse, à lui-même.) J'ai mon plan! Ah! on défend quelque chose?

ENSEMBLE.

Air des *Sept châteaux*.

Adieu jusqu'à ce soir,
Mais je garde l'espoir
De vous revoir bientôt,
Oui, nous nous reverrons bientôt.
(Laurette et Nini sortent à gauche.)

DUDONJON FILS.

Fruit défendu!.. ton aspect m'affriande,
Je vais à toi. Ce bonheur m'est bien dû!
Ah! s'il pouvait contenir une amende,
Que j'aimerais mordre au fruit défendu!..
(Remontant.)
Adieu, jusqu'au revoir...
Mais je garde...

(Lambert est monté sur son gradin, et Dudonjon fils va sortir par la droite. Il se heurte à Cokney qui entre par la droite.)

* N. Lau. D. Lam.

SCÈNE IV.

LAMBERT, COCKNEY *.

COCKNEY, entrant.

Oh!.. yès... vô avé marché sur le cor... à moâ !..

DUDONJON FILS, revenant.

Est-ce un duel, un coup d'épée, une affaire que vous voulez?..

COCKNEY.

No, no !..

DUDONJON FILS.

Pas de chance ! (Il s'en va.)

COCKNEY.

Avoir affirmé à moâ... que le sir Lambert... le barbouilleur... Oh! yès!.. ce doit être lui!.. (S'approchant **.) Mester Lambert ?..

LAMBERT, sans se retourner.

C'est moi !..

COCKNEY.

Je vodrais parler à vô !..

LAMBERT, de même.

Je vous écoute !

COCKNEY.

Moâ vouloir parler à vô de l'autre côté...

LAMBERT, descendant.

C'est différent, milord... car vous êtes Anglais... je le vois...

COCKNEY, parlant purement le français.

Je l'avoue... aussi je vous prierai de m'excuser si je ne manie pas avec aisance et facilité votre belle langue française... Les finesses de votre idiome me sont totalement inconnues, les imparfaits du subjonctif sont de l'hébreu pour moi, je confonds souvent le masculin avec le singulier, et le féminin avec le pluriel... et pour éviter les cacophonies, je vais reprendre la langue du vieux Shakspeare... (Baragouinant.) Je nomme moâ... Cockney... je suis directeur... du Cirque... je voudrais... Comment appelez-vous?.. Attendez donc !..

LAMBERT.

Si vous me disiez ce que c'est ?..

COCKNEY.

Ah!.. voilà !.. un petit marin...

LAMBERT.

Vous voulez une marine ?..

COCKNEY.

No... un... midschipman .. un enseigne...

* L. C. D.
** C. L.

LAMBERT. Il va chercher le banc et l'apporte.

Oh!.. une enseigne... (Revenant. Ils s'asseyent sur le banc.) C'est donc une enseigne?..

COCKNEY.

Ya!.. ya!..

LAMBERT.

C'est de l'allemand, ya!

COCKNEY, parlant français.

Il m'arrive quelquefois de mêler le teutonique avec le celtique; mais je vous prie de n'y point faire attention... Je reprends... (Baragouinant.) Oui... je vodrais... une enseigne... pour l'établissement à moâ...

LAMBERT.

C'est très-facile... et dans quel genre?

COCKNEY.

Dans le genre... brrr!

LAMBERT.

Qu'est-ce que c'est que cela, le genre brrr?

COCKNEY.

Moâ... faire peindre par vous des lions... des ours... et des panthères... pour effrayer le public!..

LAMBERT.

Oh! bien! le genre terrible!.. (Ils se lèvent.)

COCKNEY.

Yès! yès!..

LAMBERT.

Yès!.. ceci est anglais!..

COCKNEY.

On s'oublie quelquefois. (Baragouinant.) Et puis, au milieu de ces animaux féroces... il faudrait placer... une fâme...

LAMBERT.

Une fâme!..

COCKNEY.

Qui... semblerait... dominer les imbéciles... non, les bêtes qui l'entourent...

LAMBERT.

Très-bien... je comprends!.. et quel costume?

COCKNEY.

Vêtue... tout simplement... rien qu'une toquade sur la tête... et une cravache à la main...

LAMBERT.

Diable!..

COCKNEY.

Mais, moâ vouloir qu'elle soit ressemblante!

LAMBERT.

Rien n'est plus facile... faites-la-moi voir?..

COCKNEY.

No... mais je vais dire à vous son *signe français*...

LAMBERT.

Qu'est-ce que c'est ?..

COCKNEY.

En Allemagne... on appelle ça un signalement!.. alors, moâ j'ai supposé qu'en France...

LAMBERT.

Bon!.. je comprends. (Il s'assied et tire son carnet.)

COCKNEY.

Voici!.. yeux bleus...

LAMBERT.

Très-bien!..

COCKNEY.

Bouche ordinaire...

LAMBERT.

Très-bien !

COCKNEY.

Menton ordinaire.

LAMBERT.

Très-bien !

COCKNEY.

Front ordinaire.

LAMBERT.

Très-bien !

COCKNEY, s'asseyant.

Nez...

LAMBERT.

Ah! voyons le nez... c'est important!

COCKNEY.

Elle a le nez. . le nez... attendez!... (Cherchant.) Taratata... (Il imite la trompette.)

LAMBERT.

J'y suis... nez en trompette... ça y est.... je vous ferai ce portrait-là...

COCKNEY.

Oh!... attendez!... J'ai là sur la tabatière à moi, le portrait de la dame... de mes pensées... (Il lui offre une prise.)

LAMBERT, la regardant.

Ciel! (Ils se lèvent, le banc fait la bascule, Cockney tombe.)

COCKNEY.

Quoi?

LAMBERT.

Rien!... je refuse de travailler pour vous... milord!...

COCKNEY.

Cependant...

LAMBERT.

Assez!

COCKNEY, parlant français.

Je n'insiste pas... mais comme je tiens à faire plus ample connaissance avec vous... venez ce soir à mon cirque... à Vincennes... Voici deux billets de faveur... à neuf heures, la célèbre Gammina... donnera deux soufflets à un tigre du Bengale qui n'osera pas lui demander sa carte...

NINI, entrant *.

Enfin, me voilà!

COCKNEY.

Oh!... le joli jeune homme?

LAMBERT.

Mon fils, Nini.

COCKNEY, baragouinant **.

Oh! le joli jeune homme!... si votre fils Nini veut accompagner vô... je vous ferai les honneurs du cirque à moâ... avec beaucoup de... certainement!...

Air de *l'Élixir*.

Que le plaisir vous amène,
Je compte sur votre foi;
Venez ce soir à Vincennes
Visiter le cirque à moi.

ENSEMBLE.

Que le plaisir, etc.

LAMBERT ET NINI.

Plus de souci, plus de peine,
Et pour calmer mon ennui,
Allons ce soir à Vincennes
Visiter le cirque à lui.

COCKNEY.

Oh!... joli jeune homme!... (Il sort.)

SCÈNE V.

LAMBERT, NINI.

LAMBERT.

Gammina à Vincennes!... (Haut.) Nini!...

NINI.

Maman!...

LAMBERT.

Maman!... oh! que ce vocable est doux au cœur d'un père... Viens t'asseoir sur mes genoux... (Il s'assied à droite.)

NINI, s'asseyant.

C'est ça... et faisons la causette...

LAMBERT.

Dis donc, Nini... te rappelles-tu qu'un jour, quand tu me parlas de ta mère, je t'ai répondu que tu l'avais perdue de bonne heure...

* C. L. N.
** L. C. N.

NINI.

C'est vrai!...

LAMBERT.

Eh bien! c'est pas vrai!... (Il se lève vivement. Nini fait un saut.) Il était de bonne heure, je l'avoue... mais quand je t'ai dit que tu l'avais perdue... c'était un calembourg!...

NINI.

Ah! bah!... mais alors, elle vit encore?...

LAMBERT.

Oui!... comme mari, j'en suis désolé... comme père, j'en suis au désespoir...

NINI.

Mais où est-elle?... z'où est-elle?

LAMBERT.

Elle fait les beaux jours de la foire de Vincennes.

NINI.

Sous quel nom?

LAMBERT.

Elle est l'effroi des ours, la terreur des panthères, sous le nom de Gammina!...

NINI.

Gammina!...

LAMBERT, lui prenant le bras.

Nini... j'espère... que tu n'oublies pas... qui je suis pour toi... j'aime à penser que la saine morale que je t'ai inculquée portera ses fruits... Dis-moi que tu te fiches de ta mère!...

NINI.

Jalouse!... vilaine jalouse!... Oui, tu es mon père, tu es ma mère, mon oncle, mon cousin... toute ma famille...

LAMBERT.

Oh! merci!... que j'ai donc de l'agrément avec ce jeune homme-là. (Ils s'embrassent.)

LAMBERT.

Air de *la Jambe de bois*.

Que je suis heureux d'être père!

NINI.

Ma mère est mon consolateur!

ENSEMBLE.

Jusques à mon heure dernière
P'tit' maman fera mon bonheur!

LAMBERT.

Jusques à mon heure dernière
Mon cher fils fera mon bonheur!

(Lambert reprend la borne. Ils sortent en se tenant embrassés.)

ACTE DEUXIÈME.

A Vincennes. Le cabaret de Dudonjon : un jardin, des chaises, des tables.

—

SCÈNE PREMIÈRE.

DUDONJON PÈRE, sortant par la gauche; puis LAMBERT, le suivant en cherchant à ne pas le rejoindre. *

DUDONJON, à part.

Lambert est là, derrière moi... je sais ce qu'il a à me dire, et cela m'embarrasse... car voilà vingt ans que j'ai fait cette stupide substitution; aujourd'hui mon fils est riche, bien élevé, je voudrais le ravoir... Ne nous retournons pas... et allons toujours. (Il sort à droite en se promenant et sans se retourner.)

LAMBERT, sur le milieu de la scène.

Dudonjon est là... trois enjambées, et je suis à lui... Eh bien, je n'ose pas... Enfin... un peu de courage. (Il poursuit son chemin et sort par le plan où est sorti Dudonjon.)

DUDONJON, revenant par l'autre plan.

Il est encore là derrière moi! ça se comprend... j'ai eu la bêtise de l'inviter à venir ici... sans façon, casser le cou à un hareng saur... et il est venu... je ne puis cependant pas consentir à ce mariage... Son fils qui est le mien... épouserait ma fille... qui est sa sœur!... ça ne s'est jamais vu... Comment diable refuser honnêtement... ou malhonnêtement? continuons ma promenade. (Même jeu, il sort à gauche.)

LAMBERT, même jeu.

Il faut cependant me décider à lui avouer dans quelle position je me trouve vis-à-vis de mon fils... et de mon épouse... allons!... (Il le suit.)

DUDONJON, revenant.

Il me suit toujours... il finira par m'attraper... prenons les devants et retournons-nous. (Il se retourne.) Eh! tiens, c'est ce cher Lambert *.

LAMBERT.

Ce bon Dudonjon.

DUDONJON.

Je vous attendais avec impatience... un ami de vingt ans.

LAMBERT.

Au moins... Mais voyons, parlons sérieusement.

DUDONJON, à part.

Je le vois venir!... soyons carré!

* L. D.

LAMBERT.

Monsieur, vous avez une fille...

DUDONJON.

Parbleu, Monsieur, je le sais bien!... (Ils sortent tous deux à droite en causant.)

SCÈNE II.

GAMMINA, COKNEY, LAURETTE, DUDONJON fils, puis DUDONJON père, et LAMBERT*.

DUDONJON FILS.

Eh! arrivez donc, adorable saltimbanque!.. mon père se promène dans ses nombreux jardins.

GAMMINA.

Ne le dérangez pas, je vous en prie**.

DUDONJON FILS, à part.

C'est bizarre!.. le regard de cette femme m'a ému... sa voix a fait vibrer en moi un je ne sais quoi qui me rend tout coi!.. (A Laurette.) Ma sœur... des verres... des biscuits... (A Gammina.) Seyez-vous, Madame***!.. Et vous, milord! (Gammina s'assied.)

COKNEY.

Oh! yès, merci! moâ... bien boire.

LAURETTE, approchant des verres.

Voilà! voilà!

GAMMINA.

Je prendrais volontiers un pouce ou deux d'absinthe.

DUDONJON FILS.

A votre service. (Il verse.) Elle boit de l'absinthe!..

COKNEY.

Moi, yès aussi de l'absinthe.

GAMMINA.

J'aime l'absinthe... elle est le symbole des amertumes de la vie d'artiste...

DUDONJON FILS.

C'est beau, pourtant... cette existence aventureuse!

GAMMINA, se levant.

Oh! ne m'en parlez pas!.. Pour mener à mon gré cette vie que je rêvais... j'ai quitté ma maison. Pour danser sur la corde, j'ai abandonné les douces joies de la famille. Pour porter trois hommes à bras tendu, j'ai lâché mon mari. Pour dompter des animaux, pour me donner en spectacle, avec mon maillot chair, du vermillon sur la joue et du blanc sous mes souliers, je donnerais... (Leur donnant à chacun un coup de cravache.) toi, lui... le monde entier!..

DUDONJON FILS, à part.

Cette femme a du zinc!

* C. G. D.
** C. D. G.
*** C. G. D.

GAMMINA.

Air : *Alcindor à la chaumière* (DONVÉ).

Je suis fièr' d'être funambule !
Sur la corde quand j' fais un pas,
Dans l' public un frisson circule... (*bis.*)
« Tomb'ra-t-elle ou n' tomb'ra-t-elle pas? »
Voilà c' que chacun dit tout bas ;
Mais tout cela ne m'émeut pas !

(Parlé.) Je vais toujours... l'œil en avant, la jambe idem... J'exécute à volonté le moulin à café, la sardine en goguette et le pas des Lanciers, à moi toute seule, sans balancier...

Voilà c' que c'est qu'une danseuse,
Un' saltimbanque, une sauteuse !
J'adore mon état,
Pour lui seul mon cœur bat !..
Ta ra ta ta ta...

DEUXIÈME COUPLET.

J' lutte avec un ours en colère,
Je prends un tigre dans mes bras;
J' folichonne avec ma panthère (*bis.*)
Comm' je jouerais avec mes chats...
Et sans peur et sans embarras
Sur son dos j' fais des entre-chats.

Le tigre rugit! v'lan!.. coup de cravache... la hyène, c'est différent, je la prends par la douceur, je tombe dessus à bras raccourci!.. l'hippopotame arrive... je tourne autour de lui... je fais la coquette... je lui fais voir ma cheville... il est fasciné, dompté, muselé... et j'exécute avec lui les danses les plus municipales...

Voilà c' que c'est qu'une dompteuse,
Un' saltimbanque, une sauteuse!
J'adore mon état,
Pour lui seul mon cœur bat !
Ta ra ta ta ta !..

(Parlé.) En avant, vous autres !..

J'adore mon état ,
Pour lui seul mon cœur bat!..
Ta ra ta ta ta !

DUDONJON FILS, pendant le chant.

Le pas de la sardine en goguette !..

COKNEY.

Le léger bateau ! la girafe en calèche !.. (Ils dansent tous trois. — Dudonjon père et Lambert arrivent bras dessus, bras dessous. — Les autres sont près de la table, à gauche.)

DUDONJON PÈRE.

Eh bien ! mon cher Lambert, c'est convenu.

LAMBERT.

C'est entendu.

DUDONJON PÈRE, lui donnant la main.

Votre fils n'épousera pas ma fille.

LAMBERT.

Je m'y attendais !

DUDONJON PÈRE, apercevant Gammina.

Ah! belle dame... j'ai l'honneur de vous présenter un barbouilleur de ma connaissance *...

GAMMINA, qui buvait.

Faites voir!.. Monsieur... (Reconnaissant Lambert.) Ciel!.. mon mari !

LAMBERT.

Ciel!.. ma femme !..

GAMMINA, à part.

Comme il est déjeté!..

LAMBERT, à part.

Comme elle a rajeuni depuis vingt ans !..

SCÈNE III.

LES PRÉCÉDENTS, NINI **.

NINI, arrivant.

Eh bien! et cette matelote? (S'arrêtant.) Ah! (A part, à Dudonjon.) Quelle est cette dame, plus âgée que moi de vingt ans, et qui a l'air d'être ma sœur?

DUDONJON PÈRE.

La Gammina.

NINI.

Fichtre!..

LA GAMMINA, à Dudonjon fils.

Quel est ce jeune serin ?

DUDONJON FILS.

Nini Lambert.

GAMMINA.

Fichtre! (Elle tombe en position devant Nini, qui pose aussi.)

NINI, à part.

Celle à qui je dois le jour! Ah! (Il tombe en position devant la Gammina.)

GAMMINA, d'une voix émue.

Jeune homme *** !

NINI, regardant Lambert.

Connais pas, connais pas; passez au large !..

LAMBERT, joyeux, à part.

Noble enfant ! comme il traite sa mère !

* C. D. f. D. p. G. L.
** C. D. f. G. D. p. N. L.
*** C. D. f. D. p. G. N. L.

GAMMINA, à part.

Quelle tuile ! (Elle laisse tomber sa cravache.) Mon châle !.. ma cravache !..

TOUS.

Hein? (Lambert et Nini remontent *.)

COCKNEY.

Eh bien, Gammina?

GAMMINA.

Je pars!

COCKNEY.

Avant le dîner?

GAMMINA.

Oui, je sais, c'est impoli, c'est canaille!.. mais j'ai des caprices... Allons, hop! vot' bras. (Elle prend le bras de Cockney.)

COCKNEY.

Oh!..

DUDONJON PÈRE.

Mais la matelote?

GAMMINA.

Je lui dis zut à votre matelote!.. hop!

DUDONJON FILS.

Quelle femme! quelle femme!

GAMMINA, en sortant, à son mari.

Mossieur! (A Nini.) June hôme! (Elle salue.)

NINI, se retournant.

Madame!..

GAMMINA, lui donnant un coup de cravache.

Galopin!... (Tout le monde sort, excepté Nini et Lambert.)

SCÈNE IV.

LES PRÉCÉDENTS, DUDONJON FILS **.

DUDONJON FILS.

Oh! mes enfants, quelle ravissante femme que cette Gammina... Elle vous a un chic.

LAMBERT ET NINI.

C'est bien!

DUDONJON FILS.

Un œil américain!

NINI ET LAMBERT.

C'est bon!

DUDONJON FILS.

Et là... vrai... parole d'honneur!... je ne sais ce que j'éprouve... je crois que je l'aime!...

LAMBERT ET NINI.

Ah!...

* D. f. C. N. L. D. p.
** N. D. L.

DUDONJON FILS.

Et tu serais bien gentil... de me faire quelques vers.

NINI.

Tais-toi! oh! tais-toi... si tu ne veux pas que je te brise! (Il lui donne un coup de pied.)

DUDONJON FILS.

Fichtre! en voilà une d'émotion!... (Il sort.)

NINI, à Lambert.

Venez, maman, venez! (Lambert le suit. — L'orchestre joue l'air QUE JE SUIS HEUREUX D'ÊTRE PÈRE. — Le théâtre change.)

ACTE TROISIÈME.

L'arrière-tente des saltimbanques.

SCÈNE PREMIÈRE.

GAMMINA, COCKNEY, SALTIMBANQUES, SPECTATEURS.

(Au lever du rideau, on entend au dehors la musique des saltimbanques.)

CHŒUR, *entrant.*

Air de *Cocorico.*

Ah! quel succès! ah! quelle adresse!
Chacun de nous se souviendra
De sa force et de sa souplesse!
Bravo! vive la Gammina!

(Gammina entre conduite par Cokney et salue à la ronde *.)

COCKNEY, à la foule.

Demain, le début d'une carpe
Qui devant vous pinc'ra d' la harpe!
Et la rentré' du pélican
Qui se fendra le flanc pour son enfant!

(Nouvelles acclamations et nouveaux saluts de Gammina.)

CHŒUR, REPRISE.

Ah! quel succès!... etc.

(Sortie générale.)

COCKNEY, en anglais **.

Vous êtes mélancolique, Gammina.

GAMMINA.

Moi!.. plus souvent!

COCKNEY, en anglais.

Oh! je m'y connais... je vous ai observée, et j'ai remarqué

* G. C.
** C. G.

que, depuis hier, vous manquez d'entrain avec les bêtes féroces... et pourquoi?... Voyez, moi... j'ai mangé de la filasse... je me suis fait casser des pierres sur le ventre... et je ne m'en porte pas plus mal!... mais, vous... vous avez hésité tout à l'heure à taquiner la panthère de Java!

GAMMINA.

Ma foi... je tranche le mot de la situation... J'ai eu le trac!

COCKNEY.

Et... pourquoi donc... plutôt aujourd'hui qu'hier, qu'avant-hier, que les autres jours?

GAMMINA.

J'en ignore!...

COCKNEY.

Vô mentez... Gammina... si... vô... avoir peur... si... vô ne être plus cette fameuse dompteuse... je sais pourquoi?

GAMMINA.

Ah!...

COCKNEY, ton naturel.

Vous êtes mariée... je le sais... ne me demandez pas comment... je le sais... et c'est pour votre mari...

GAMMINA.

Non... non... ce n'est pas pour mon époux que je tiens à conserver... ma po... sition... c'est pour... Ah! bah!... soyons forte... disons le mot... c'est pour mon fils...

COCKNEY.

Vous avez un fils?... vous ne m'en aviez jamais fait part.

GAMMINA.

Que voulez-vous, milord? Il y a vingt ans, quand je vous rencontrai sur les cailloux raboteux de nos sentiers humains... si je vous avais dit que j'avais un enfant... vous eûtes eu peut-être de la peine à croire à mon innocence.

COCKNEY.

Oh!... ceci est plein de logique!.. A revoir, Gammina*, mais, que dorénavant vos devoirs d'épouse et vos affections maternelles ne vous fasse pas perdre de vue... les animaux de ma ménagerie... Adieu!... adieu!... Pensez à moi!... (Il lui fait signe de la main.)

SCÈNE II.

GAMMINA, avec agitation.

Comme je l'envoie lanlaire avec ses animaux, car je suis mère, moi... Je sens remuer toutes mes fibres; j'ai un fils, moi!... Je me croyais seule au monde, sans famille!.. Mais vous ne savez donc pas que j'ai un fils, moi!... vous ne savez donc pas qu'il s'appelle Nini, mon fils!... le voilà!... Oh!...

* G. C.

SCÈNE III.

NINI, GAMMINA *.

NINI, *à part, sur le pas de la porte.*

Ma mère!...

GAMMINA, *à part.*

Il ne sait pas ce que je lui suis...

NINI, *à part.*

Elle ignore ce qu'elle m'est...

GAMMINA, *à part.*

Ah! quelle situation!... mon cœur faiblit!... je manque de courage!... Allons, ayons... de l'aplomb!... (*Haut.*) Jeune homme... qui demandez-vous?...

NINI.

Je... voudrais échanger quelques diphthongues avec le sieur Cockney.

GAMMINA, *à part.*

Comme il parle bien!... Quelle bonne éducation je ne lui ai pas donnée!... (*Haut.*) Il va venir... mais en attendant... seyez-vous... (*Elle s'assied à gauche.*)

NINI, *prend une chaise à droite.*

Volontiers...

GAMMINA, *assise en face de lui.*

Il m'a semblé vous avoir entr'aperçu hier.

NINI.

Chez M. Dudonjon... oui... vous êtes partie au moment de la matelote... ça m'a fait bien de la peine...

GAMMINA, *avec joie.*

Ah!... et pourquoi?

NINI.

Parce que... M. Dudonjon a profité de votre absence... pour ne pas nous servir ladite matelote, et la vendre à ses pratiques...

GAMMINA.

Ah!... (*A part.*) Il est sur sa bouche!.. (*Haut.*) Seyez-vous... (*Nini apporte sa chaise au milieu du théâtre.*) Je sais... que vous faites des *versses.*

NINI.

Oh! oh!... J'ai parfois quelques idées sublimes qui me traversent le cerveau...

GAMMINA, *vivement.*

Mais asseyez-vous donc!... (*Nini rapproche sa chaise et s'assied.*) J'ai acheté vos œuvres complètes à la foire de Vincennes... j'en ai lu quelques vers...

NINI.

Que vous êtes bonne!...

* G. N.

GAMMINA, tire de sa poche une douzaine de mirlitons. — Lisant.

« L'amour discret est tel que le serpent boa,
« Qui pour mieux se cacher s'enfonce dans le bois!

Quelle jolie poésie! (D'un ton léger.) Ah! dites-moi... Madame votre mère se porte bien?..

NINI, à part.

Continuons le calembourg de papa... (Haut.) je l'ai perdue de bonne heure!...

GAMMINA.

Ah!... si je pouvais vous en servir...

NINI.

Merci, Madame... je suis habitué à m'en passer, ça me gênerait...

GAMMINA.

Enfin... M. Nini... je suis artiste!... vous faites des vers... le balancier et le mirliton sont frères... et à ce titre nous pouvons nous donner la main...

NINI.

La main? (Il avance timidement la main que cherche Gammina, puis tout à coup elle la lui prend vivement.)

GAMMINA, posant la main sur son cœur.

Ah!... si je l'embrassais... oui... non... bah!... allons-y gaiement!.. allons-y tout d'même. (Elle le baise sur le front.)

SCÈNE IV.

LES PRÉCÉDENTS, COCKNEY*.

COCKNEY.

Oh! goddem!.. Malédiction!..

GAMMINA.

Ne faites pas attention**... ça ne vous regarde pas... c'est mon affaire... M. Nini... est artiste... je suis artiste... vous êtes artistes... nous sommes artistes... entre artistes on s'embrasse; et puis, voilà!

COCKNEY.

Oh! c'est un joli jeune homme!..

GAMMINA.

M. Nini est venu ici pour visiter notre cirque... à vous d'être son cicerone... je vous laisse... Adieu, petit!.. adieu!.. (Elle lui envoie des baisers et sort.)

SCÈNE V.

COCKNEY, NINI***.

COCKNEY.

Maintenant, Monsieur... si vô vouloir visiter le cirque à moâ..

* G. N. C.
** N. G. C.
*** N. C.

NINI, l'arrêtant.

Ta ra ta ta... c'est pas tout ça... Il y a un homme de trop sous la calotte des cieux; cet homme me jugule, il me crispe, il me rase... je voudrais m'en défaire à de bonnes conditions...

COCKNEY.

Oh! yes!.. je comprends!.. il vous embête...

NINI.

Yès!...

COCKNEY.

Et cet homme c'est?..

NINI.

C'est vous!...

COCKNEY.

Moâ!.. Oh! yès... je comprends!.. la Gammina. Elle a un fils... vingt ans... c'est cela... et ce fils... c'est vous!..

NINI.

Vous y êtes... et il faut maintenant que l'un de nous deux la saute... et comme naturellement je préfère que ça soit vous, à quel jeu... voulez-vous que je vous détruise?..

COCKNEY.

Oh!.. moi ne pas bien entendre le langue française!..

NINI.

Aimez-vous les calottes?

COCKNEY.

No!

NINI, retroussant ses manches.

Alors, moi vous administrer...

COCKNEY, parlant français.

Arrêtez jeune homme!.. vous comprendrez que ce n'est point ici, dans le tête à tête, que je dois être frappé par vous... venez ce soir, en plein cirque, devant tout un public qui me connaît... et si je dois être traité comme un galopin, je veux que tout le monde le sache!

NINI.

Soyez tranquille... vous aurez votre affaire.

COCKNEY.

Silence... voici Gammina.

NINI.

Motus!

COCKNEY.

Dissimulons!...

GAMMINA, à part, à l'entrée de la porte.

Qu'ont-ils donc à chuchoter?..

COCKNEY, prend la main de Gammina. A Nini.

Adieu, cher ami!

NINI, de même.

Adieu... milord!...

COCKNEY.

Rentrons, Gammina.

TOUS TROIS.

Ah !.. (Nini sort à gauche. Cockney et Gammina rentrent à droite.)

ACTE QUATRIÈME.

Même décor qu'au premier acte.

SCÈNE PREMIÈRE.

GAMMINA, puis LAMBERT.

GAMMINA, entrant et s'arrêtant sur le seuil.

Ici !... après vingt ans d'école buissonnière!

Air des *Hussards du cinquième.*

Rien n'est changé !.. toujours la même table !
Mêmes rideaux, même papier jauni!
C'est ici que je fus coupable !
Dans ce logement dégarni,
J'abandonnai mon époux et Nini !
Rien n'est changé! Tout ici me rappelle
Des souvenirs qu'il faudrait oublier!
Le mobilier même est resté fidèle...
Que n'ai-je été comme le mobilier !

LAMBERT, entrant par la gauche.

Gammina !... vous voici *?

GAMMINA.

Comme vous voyez... (D'un ton dégagé.) Ça va bien?.. mais rassurez-vous... je vous rapporte votre sabre de garde national... (Elle le lui donne.) Je n'en ai rien distrait!...

LAMBERT.

Vous avez une manière bien délurée de réintégrer le domicile conjugal...

GAMMINA.

Ah! minute!... je ne réintègre pas!... ne confondons pas!... je viens en passant chercher mon mouchoir que j'avais oublié, et vous dire des choses désagréables... puis je file...

LAMBERT.

Très-bien... nous disons donc?...

GAMMINA, croisant les bras.

Ah çà ! vous avez donc laissé ignorer à notre enfant... qu'il possédait sa mère?...

* L. G.

LAMBERT.

Il le fallait bien!... mais il le sait... maintenant...

GAMMINA.

Ah! et depuis quand?

LAMBERT.

Depuis hier matin, neuf heures de relevée!...

GAMMINA.

Mais alors, dans mon colloque avec lui... il savait qui j'étais... Aimable enfant!... il m'a fourré dedans?... il est vrai que de mon côté... j'en faisais autant!... Mais! dites-moi... vous avez dû en conter de rudes sur mon compte, soit à nos voisins... soit à notre enfant.

LAMBERT.

Croyez, Madame, que... je ne me suis pas gêné.

GAMMINA.

Ah! que vous avez bien fait!... car, moi, de mon côté... je vous ai un peu éreinté dans le cours de mes voyages : c'est bien naturel. Règle générale : toute femme qui lâche son mari, doit lui donner tous les torts imaginables, pour justifier la poudre d'escampette qu'elle s'est octroyée.

LAMBERT.

Mais, pardon!...

GAMMINA.

Ah! j'oubliais!... pendant que nous sommes là à causer comme deux imbéciles!...

LAMBERT.

Madame.

GAMMINA.

C'est juste! Pendant que vous êtes là à m'écouter comme un imbécile... savez-vous ce qui se passe?

LAMBERT.

Non.

GAMMINA.

Eh bien! notre fils, notre enfant, notre Nini... à l'heure qu'il est...

LAMBERT.

Achevez!...

GAMMINA.

Il se bat!...

LAMBERT.

Il se bat?

GAMMINA.

Oui, et depuis une heure que vous jabotez comme une pie borgne... peut-être n'est-il plus temps!...

LAMBERT.

Ah! mon Dieu! où aller? (Ils arpentent le théâtre en se croisant.)

* G. L.

GAMMINA, de même.

Est-ce que je sais?... (Réfléchissant.) Attendez!...

LAMBERT, même jeu.

Oh! parlez!...

GAMMINA, qui se croise avec lui.

Taisez là!...

LAMBERT.

Quoi?...

GAMMINA.

Ça ne vous regarde pas!... Taisez là toujours!

LAMBERT, de même.

Les instants sont précieux!...

GAMMINA.

Les moments que je perds, ici, dans ce local, peuvent lui être funestes!... oh! mon fils!...

LAMBERT.

Le mien!...

GAMMINA.

Oh! le vôtre!...

LAMBERT.

Plaît-il, Madame?

GAMMINA, faisant semblant d'écouter.

Taisez-le!

LAMBERT.

Quoi donc?

GAMMINA.

N'importe, taisez-le toujours... Du bruit!

LAMBERT.

Je reconnais ses pas!

GAMMINA.

Je l'entends!

NINI, en dehors.

Ma mère!

GAMMINA, avec joie.

Ma mère!.. il m'appelle sa mère! (A Lambert.) Mon fils!.. j'ai retrouvé mon fils!.. (A Nini qui entre.) Dans mes bras!

SCÈNE II.

LES PRÉCÉDENTS, NINI, puis COCKNEY.

NINI, entrant *.

Ma mère! (Il hésite, puis finit par se jeter dans les bras de Lambert.)

GAMMINA, lui tendant les bras.

Et bien!.. et moi?

NINI.

Vous?.. allons donc!.. c'est cela ma mère! (Montrant Lambert.)

* G. N. L.

GAMMINA.

Oh*!

LAMBERT, dans les bras de son fils.

Vous êtes refaite, ma bonne!.. (A Nini.) Mais ton duel?

NINI.

Avec qui?

GAMMINA.

Avec Cockney?

NINI.

Vous savez?.. Eh bien, alors, je ne vous cacherai rien... Je lui donne, ce soir, un coup de pied dans son cirque... et, demain, je me bats avec lui.

GAMMINA, le tirant.

N'y va pas, il est plus fort que toi**.

LAMBERT, à Nini.

J'irai pour toi!

NINI, à Lambert.

N'y allez pas!

GAMMINA, poussant Lambert.

Si, si... allez-y tout de suite... j'aime mieux cela..

NINI.

Non!

GAMMINA, à Lambert.

Mais, partez donc! (Cockney entre.)

LAMBERT.

Lui ici!.. Quel toupet***!.. Voilà une inconvenance à vous de venir fourrer votre nez dans un endroit où on ne l'appelle pas!

GAMMINA, à part.

Oh! je vais être perdue aux yeux de mon enfant!

COCKNEY, bas, à Gammina.

No... je vais sauver vo... (Naturellement.) Monsieur Lambert, n'interprétez pas à mal mes assiduités auprès de Madame... Si nous avons marivaudé depuis quelques années, n'en augurez rien de fâcheux pour votre honneur... Gammina était ma pensionnaire... elle m'appartenait par contrat, par engagement... mais aujourd'hui qu'elle a retrouvé une famille... je m'empresse... Reprenez votre épouse... (Il la lui jette dans les bras.)

LAMBERT, la lui rejetant.

Je n'en ferai rien!

COCKNEY, même jeu.

Reprenez-la donc!..

LAMBERT, de même.

C'est trop d'honneur...

* G. L. N.
** L. G. N.
*** G. C. L. N.

COCKNEY.

Je ne veux pas vous en priver!

GAMMINA.

Oh! on me repousse... on me ballotte... quand je suis pure comme l'enfant qui vient de tirer à la conscription!.. Eh bien!.. vous ne savez pas de quoi je suis capable... dans mon désespoir... (Cockney fait quelques pas.) Cockney, je vous défends de me suivre *!..

COCKNEY.

Je vous obéis!..

GAMMINA.

Je vais me retirer...

LAMBERT.

A la campagne?

GAMMINA.

Non... dans la cage de mes animaux! Et là, si je ne suis pas dévorée par les chagrins... j'espère être dévorée par ma panthère... Adieu, Nini... vous ne me reverrez plus... qu'en morceaux!

NINI.

Oh! c'est déchirant!.. je n'y résiste plus!.. Ma mère! ma mère!..

GAMMINA.

Oh!.. mon fils!.. mon enfant!.. ce cri du cœur n'est donc pas un vain mot!

SCÈNE III.

LES PRÉCÉDENTS, DUDONJON FILS, puis DUDONJON PÈRE.

DUDONJON FILS.

Tiens, on s'embrasse, on rit ici... Eh bien! on pleure chez nous... Ma sœur pleure!... mon père pleure!.. moi... je peux pas! C'est plus fort que moi... je peux pas!.. je n'ai pas de chance!..

GAMMINA, à son fils qu'elle tient dans ses bras.

Si tu savais comme je suis heureuse!.. C'est singulier... tu avais les yeux noirs... quand je t'ai quitté... C'est bizarre... tu avais le nez en l'air... fais voir ta fraise?..

NINI.

Où ça?..

GAMMINA.

Au bras gauche... (Elle lui lève la manche.) Pas de fraise!.. va te promener, tu n'es pas mon fils! (Elle le repousse.) Pas de fraise, pas de fils!

DUDONJON FILS.

Attendez donc, j'en ai une! (Il retrousse sa manche.)

* L. C. G. N.

GAMMINA, regardant.

C'est bien elle!.. je la reconnais!.. Mon fils!..

TOUS, chantant.

Ah! qu'il fait donc bon
Sur l' bras d'un fils de voir un' fraise!

GAMMINA.

Ah qu'il fait donc bon...
Mais comment se fait-il?..

DUDONJON PÈRE, entrant.

Je vais tout vous expliquer *...

TOUS.

Hein!..

DUDONJON PÈRE.

Pour éviter qu'un jour le fils de Madame soit inconvenant envers sa mère, et pour empêcher que la mère ait à rougir devant son fils, j'ai mis ce fils-là à la place de ce fils-ci... de façon que le fils qui est à moi aujourd'hui est le fils qui était à vous autrefois... C'est bien clair!..

TOUS.

Oh! merci, Dudonjon!.. merci!..

COCKNEY, à lui-même.

C'est un écheveau de fils à n'y rien comprendre!

DUDONJON FILS.

Oh! elle est bien bonne, celle-là... Je change de père... en voilà une d'émotion... Mon père! (Il embrasse Lambert.)

NINI, embrassant Dudonjon père.

Ma mère!

DUDONJON PÈRE.

Comment, ma mère?

NINI.

Si ça vous est égal... j'ai l'habitude d'appeler celui-ci ma mère...

DUDONJON PÈRE.

Ne te gêne pas **!

GAMMINA, à Lambert.

Et maintenant que je reviens à vous .. vous allez me loger, me blanchir, me nourrir... mais, pas de veau, comme à l'enfant prodigue!.. et n'oublions jamais que quand une femme se prive de son mari, c'est qu'il ne lui convient plus, et que quand elle le reprend, c'est que ça lui convient peut-être.

CHŒUR.

Air des *Fraises*.

Ah! qu'il fait donc bon sur l' bras d'un fils de voir un' fraise!
Ah! qu'il fait donc bon de voir un' frais' sur l' bras d'un fils!

* C. L. D. f. G. D. p. N.
** C. D. f. L. G. D. p. N.

GAMMINA, au public.

Air des *Frères de lait*.

Vous avez vu sur not' première scène
La Fiammina en proie à ses douleurs !
Quel intérêt puissant!.. il vous entraîne!
C'est un succès pour tous!.. pour les acteurs,
Succès d'auteur... surtout succès de pleurs!
Si ces douleurs ont eu pour vous des charmes,
Nous espérons, de vos bravos jaloux,
Quand Fiammina vous fait verser des larmes,
Que vous viendrez vous consoler chez nous...
Venez, Messieurs, vous consoler chez nous.

FIN.

LAGNY. — Imprimerie de VIALAT.

www.ingramcontent.com/pod-product-compliance
Lightning Source LLC
LaVergne TN
LVHW010012230826
846092LV00002B/771

* 9 7 8 2 3 2 9 6 1 3 3 5 2 *